199
Promesas
de Dios

199
Promesas
de Dios

inspiración para la vida
CASA PROMESA
Una división de Barbour Publishing, Inc.

Desarrollo editorial: *Semantics*, P.O. Box 290186, Nashville, TN 37229 - semantics01@comcast.net

Publicado por Casa Promesa, P. O. Box 719, Uhrichsville, Ohio 44683, www.casapromesa.com.

Nuestra misión es publicar y distribuir productos inspiradores que ofrezcan valor excepcional y motivación bíblica al público.

Member of the
Evangelical Christian
Publishers Association

Impreso en Estados Unidos de América

Introducción

A menudo es muy fácil angustiarnos con las decepciones y desafíos de la vida. Sin darnos cuenta, nuestros corazones se endurecen y nuestra esperanza de una vida plena se derriba.

En su bondad, Dios ha dado inspiradoras promesas de ayuda y aliento para sus hijos dentro de las páginas de su Palabra, la Biblia. Cualquiera sean nuestras necesidades, podemos encontrar en las Escrituras los principios que necesitamos para dirigir las situaciones que enfrentamos.

Esta colección de versículos bíblicos es perfecta para fortalecernos cada día. Este libro no pretende reemplazar al estudio diario y personal de la Biblia. Sin embargo, es una rápida guía de los textos más inspiradores en la Biblia. Esperamos que sea de aliento a medida que lo lee.

Todas las promesas son tomadas de las versiones Reina Valera 1960, Nueva Versión Internacional, Reina Valera 1995 y Traducción en Lenguaje Actual.

1

De modo que si alguno está en Cristo,
nueva criatura es; las cosas viejas pasaron;
he aquí todas son hechas nuevas.
2 Corintios 5:17 rvr 1960

2

La oración de fe sanará al enfermo y
el Señor lo levantará. Y si ha pecado,
su pecado se le perdonará.
Santiago 5:15 nvi

3

Por lo cual asimismo padezco esto. Pero no me avergüenzo, porque yo sé a quién he creído y estoy seguro de que es poderoso para guardar mi depósito para aquel día.

2 TIMOTEO 1:12 RVR 1995

4

Dios mío, tú eres mi luz y mi salvación; ¿de quién voy a tener miedo? Tú eres quien protege mi vida; ¡nadie me infunde temor!

SALMO 27:1 TLA

5

Clemente y misericordioso es Jehová, lento
para la ira, y grande en misericordia.
SALMO 145:8 RVR 1960

6

El Señor los ayuda y los libra; los
libra de los malvados y los salva,
porque en él ponen su confianza.
SALMO 37:40 NVI

7

Porque este Dios es Dios nuestro
eternamente y para siempre; él nos
guiará aun más allá de la muerte.
SALMO 48:14 RVR 1995

8

Por eso, obedezcan a Dios. Háganle frente al diablo, y él huirá de ustedes. Háganse amigos de Dios, y él se hará amigo de ustedes. ¡Pecadores, dejen de hacer el mal! Los que quieren amar a Dios, pero también quieren pecar, deben tomar una decisión: o Dios, o el mundo de pecado.

Santiago 4:7-8 tla

9

El que confía en su propio corazón es necio; mas el que camina en sabiduría será librado.

Proverbios 28:6 rvr 1960

10

Sin embargo, como está escrito: Ningún ojo
ha visto, ningún oído ha escuchado, ninguna
mente humana ha concebido lo que Dios
ha preparado para quienes lo aman.
1 Corintios 2:9 nvi

11

Jesús les respondió: Yo soy el pan de vida.
El que a mí viene nunca tendrá hambre, y
el que en mí cree no tendrá sed jamás.
Juan 6:35 rvr 1995

12

Por eso no nos desanimamos. Aunque nuestro cuerpo se va gastando, nuestro espíritu va cobrando más fuerza. Las dificultades que tenemos son pequeñas, y no van a durar siempre. Pero, gracias a ellas, Dios nos llenará de la gloria que dura para siempre: una gloria grande y maravillosa.

2 Corintios 4:16-17 TLA

13

El labio veraz permanecerá para siempre; mas la lengua mentirosa sólo por un momento.

Proverbios 12:19 RVR 1960

14

Comerán los pobres y se saciarán;
alabarán al Señor quienes lo buscan;
¡que su corazón viva para siempre!
SALMO 22:26 NVI

15

Pero así dice Jehová: Quizás el cautivo
sea rescatado del valiente y el botín sea
arrebatado al tirano, pero yo defenderé
tu pleito y salvaré a tus hijos.
ISAÍAS 49:25 RVR 1995

16

Los que te conocen confían en ti, pues
nunca los abandonas cuando te buscan.
SALMO 9:10 TLA

17

Desead, como niños recién nacidos, la
leche espiritual no adulterada, para que
por ella crezcáis para salvación.
1 PEDRO 2:2 RVR 1960

18

El Señor está cerca de los quebrantados de corazón, y salva a los de espíritu abatido.

Salmo 34:18 nvi

19

Ellos dijeron: Cree en el Señor Jesucristo, y serás salvo tú y tu casa.

Hechos 16:31 rvr 1995

20

Ustedes han sido salvados porque aceptaron el amor de Dios. Ninguno de ustedes se ganó la salvación, sino que Dios se la regaló.

Efesios 2:8 tla

21

Porque Jehová da la sabiduría, y de su boca
viene el conocimiento y la inteligencia. Él
provee de sana sabiduría a los rectos; es
escudo a los que caminan rectamente.
Proverbios 2:6-7 rvr 1960

22

Él librará al indigente que pide auxilio, y
al pobre que no tiene quien lo ayude. Se
compadecerá del desvalido y del necesitado,
y a los menesterosos les salvará la vida.
Salmo 72:12-13 nvi

23

El amado de Jehová habitará confiado cerca de él;
lo cubrirá siempre, y entre sus hombros morará.
DEUTERONOMIO 33:12 RVR 1995

24

Jesús lo miró con amor y le dijo: Sólo te
falta hacer una cosa. Ve y vende todo lo que
tienes, y da el dinero a los pobres. Así, Dios
te dará un gran premio en el cielo. Luego ven
y conviértete en uno de mis seguidores.
MARCOS 10:21 TLA

25

Si anduviere yo en medio de la angustia, tú me vivificarás; contra la ira de mis enemigos extenderás tu mano, y me salvará tu diestra.

Salmo 138:7 rvr 1960

26

Aun en la vejez, cuando ya peinen canas, yo seré el mismo, yo los sostendré. Yo los hice, y cuidaré de ustedes; los sostendré y los libraré.

Isaías 46:4 nvi

27

La paz os dejo, mi paz os doy; yo no os
la doy como el mundo la da. No se turbe
vuestro corazón, ni tenga miedo.

JUAN 14:27 RVR 1995

28

Así que las personas llegan a confiar en Dios
cuando oyen el mensaje acerca de Jesucristo.

ROMANOS 10:17 TLA

29

Y te amará, te bendecirá y te multiplicará, y bendecirá el fruto de tu vientre y el fruto de tu tierra, tu grano, tu mosto, tu aceite, la cría de tus vacas, y los rebaños de tus ovejas, en la tierra que juró a tus padres que te daría.

DEUTERONOMIO 7:13 RVR 1960

30

Yo estoy contigo. Te protegeré por dondequiera que vayas, y te traeré de vuelta a esta tierra. No te abandonaré hasta cumplir con todo lo que te he prometido.

GÉNESIS 28:15 NVI

31

Jehová abomina el peso falso, pero
la pesa cabal le agrada.

Proverbios 11:1 RVR 1995

32

Cuando un maestro las explica, hasta
la gente sencilla las entiende.

Salmo 119:130 TLA

33

Mucho se alegrará el padre del justo, y
el que engendra sabio se gozará con él.
Alégrense tu padre y tu madre, y gócese la
que te dio a luz. Dame, hijo mío, tu corazón,
y miren tus ojos por mis caminos.

PROVERBIOS 23:24-26 RVR 1960

34

Pero Dios me rescatará de las garras
del sepulcro y con él me llevará.

SALMO 49:15 NVI

35

En la casa de mi Padre muchas moradas
hay; si así no fuera, yo os lo hubiera dicho;
voy, pues, a preparar lugar para vosotros.
Y si me voy y os preparo lugar, vendré
otra vez y os tomaré a mí mismo, para que
donde yo esté, vosotros también estéis.

Juan 14:2-3 rvr 1995

36

Yo soy su Dios y los he tomado de la mano;
No deben tener miedo, porque
cuentan con mi ayuda.

Isaías 41:13 tla

37

Porque si perdonáis a los hombres
sus ofensas, os perdonará también a
vosotros vuestro Padre celestial.
MATEO 6:14 RVR 1960

38

Mi Padre es glorificado cuando
ustedes dan mucho fruto y muestran
así que son mis discípulos.
JUAN 15:8 NVI

39

Porque Jehová, vuestro Dios, es clemente
y misericordioso, y no apartará de vosotros
su rostro, si vosotros os volvéis a él.
2 CRÓNICAS 30:9 RVR 1995

40

Porque el Espíritu que Dios les ha dado no los esclaviza ni les hace tener miedo. Por el contrario, el Espíritu nos convierte en hijos de Dios y nos permite decirle a Dios: "¡Papá!"
ROMANOS 8:15 TLA

41

Así que, cualquiera que se humille como este niño, ése es el mayor en el reino de los cielos.
MATEO 18:4 RVR 1960

42

Por eso dejará el hombre a su padre y
a su madre, y se unirá a su esposa, y los
dos llegarán a ser un solo cuerpo.
EFESIOS 5:31 NVI

43

Bienaventurados los mansos, porque
recibirán la tierra por heredad.
MATEO 5:5 RVR 1995

44

Si hacen lo que es bueno y justo, agradarán a
Dios. Así, él hará que les vaya bien cuando vivan
en la buena tierra que prometió a sus antepasados.

DEUTERONOMIO 6:18 TLA

45

No nos cansemos, pues, de hacer bien; porque
a su tiempo segaremos, si no desmayamos.

GÁLATAS 6:9 RVR 1960

46

Les aseguro, respondió Jesús, que todo el que por causa del reino de Dios haya dejado casa, esposa, hermanos, padres o hijos, recibirá mucho más en este tiempo; y en la edad venidera, la vida eterna.

LUCAS 18:29-30 NVI

47

El de ánimo altanero suscita contiendas, pero el que confía en Jehová prosperará. El que confía en su propio corazón es un necio, pero el que camina con sabiduría será librado.

PROVERBIOS 28:25-26 RVR 1995

48

Ustedes no han pasado por ninguna tentación
que otros no hayan tenido. Y pueden confiar en
Dios, pues él no va a permitir que sufran más
tentaciones de las que pueden soportar. Además,
cuando vengas las tentaciones, Dios mismo les
mostrará como vencerlas, y así podrán resistir.

1 Corintios 10:13 tla

49

Sáname, oh Jehová, y seré sano; sálvame, y
seré salvo; porque tú eres mi alabanza.

Jeremías 17:14 rvr 1960

50

Dará a luz un hijo, y le pondrás por nombre Jesús,
porque él salvará a su pueblo de sus pecados.
MATEO 1:21 NVI

51

Pero así dice Jehová a la casa de
Israel: Buscadme y viviréis
AMÓS 5:4 RVR 1995

52

Tú, Dios mío, bendices al que es
bueno, y con tu amor lo proteges.
SALMO 5:12 TLA

53

Él sana a los quebrantados de
corazón, y venda sus heridas.
SALMO 147:3 RVR 1960

54

Al acostarte, no tendrás temor alguno;
te acostarás y dormirás tranquilo.
PROVERBIOS 3:24 NVI

55

Porque Jehová oye a los menesterosos y
no menosprecia a sus prisioneros.
SALMO 69:33 RVR 1995

56

Pidan a Dios, y él les dará. Hablen con Dios,
y encontrarán lo que buscan. Llámenlo,
y él los atenderá. Porque el que confía
en Dios recibe lo que pide, encuentra lo
que busca y, si llama, es atendido.

MATEO 7:7-8 TLA

57

El que confía en sus riquezas caerá; mas
los justos reverdecerán como ramas.

PROVERBIOS 11:28 RVR 1960

58

Yo la sembraré para mí en la tierra;
me compadeceré de la "Indigna de
compasión", a "Pueblo ajeno" lo llamaré:
"Pueblo mío"; y él me dirá: "Mi Dios".
Oseas 2:23 nvi

59

La gracia de Dios se ha manifestado para
salvación a toda la humanidad, y nos
enseña que, renunciando a la impiedad y
a los deseos mundanos, vivamos en este
siglo sobria, justa y piadosamente...
Tito 2:11-12 rvr 1995

60

Hijos míos, si Dios nos ha amado así, nosotros también debemos amarnos los unos a los otros.
1 JUAN 4:11 TLA

61

La gloria de los jóvenes es su fuerza, y la hermosura de los ancianos es su vejez.
PROVERBIOS 20:29 RVR 1960

62

Él fortalece al cansado y acrecienta las fuerzas del débil.
ISAÍAS 40:29 NVI

63

De tal manera amó Dios al mundo, que ha dado
a su Hijo unigénito, para que todo aquel que en
él cree no se pierda, sino que tenga vida eterna.

Juan 3:16 rvr 1995

64

Yo haré que corra agua en el desierto
y broten arroyos en tierras secas.
A tus descendientes les daré vida
nueva y les enviaré mi bendición.

Isaías 44:3 tla

65

Yo soy la vid, vosotros los pámpanos; el que permanece en mí, y yo en él, éste lleva mucho fruto; porque separados de mí nada podéis hacer.

JUAN 15:5 RVR 1960

66

Reconócelo en todos tus caminos,
y él allanará tus sendas.

PROVERBIOS 3:6 NVI

67

El menesteroso no para siempre
será olvidado, ni la esperanza de los
pobres perecerá perpetuamente.

SALMO 9:18 RVR 1995

68

Alabemos a nuestro Dios, porque él libera a
los pobres de las garras de los malvados.
JEREMÍAS 20:13 TLA

69

Bendeciré abundantemente su provisión;
a sus pobres saciaré de pan.
SALMO 132:15 RVR 1960

70

Tengan fe en Dios, respondió Jesús. Les aseguro que si alguno le dice a este monte: Quítate de ahí y tírate al mar, creyendo, sin abrigar la menor duda de que lo que dice sucederá, lo obtendrá.

MARCOS 11:22–23 NVI

71

Destruirá a la muerte para siempre, y enjugará Jehová el Señor las lágrimas de todos los rostros.

ISAÍAS 25:8 RVR 1995

72

Pero somos tu pueblo, y aunque estemos
destruidos volveremos a vivir.
Tú llenarás de vida y alegría a esta nación sin vida.
Isaías 26:19 TLA

73

Pero yo os digo: Amad a vuestros enemigos,
bendecid a los que os maldicen, haced bien
a los que os aborrecen, y orad por los que
os ultrajan y os persiguen; para que seáis
hijos de vuestro Padre que está en los cielos,
que hace salir su sol sobre malos y buenos,
y que hace llover sobre justos e injustos.
Mateo 5:44-45 RVR 1960

74

El producto de la justicia será la paz; tranquilidad
y seguridad perpetuas serán su fruto.

ISAÍAS 32:17 NVI

75

Como está escrito: He aquí pongo en
Sión piedra de tropiezo y roca de caída; y
el que crea en él, no será defraudado.

ROMANOS 9:33 RVR 1995

76

Dios mío, tú cumplirás en mí todo lo que has
pensado hacer. Tu amor por mí no cambia, pues
tú mismo me hiciste. ¡No me abandones!

SALMO 138:8 TLA

77

Porque Jehová vuestro Dios va con
vosotros, para pelear por vosotros contra
vuestros enemigos, para salvaros.
Deuteronomio 20:4 rvr 1960

78

Dichoso el que piensa en el débil; el
Señor lo librará en el día de la desgracia.
El Señor lo protegerá y lo mantendrá con
vida; lo hará dichoso en la tierra y no lo
entregará al capricho de sus adversarios.
Salmo 41:1-2 nvi

79

El que tiene mis mandamientos y los guarda, ese
es el que me ama; y el que me ama será amado
por mi Padre, y yo lo amaré y me manifestaré a él.
JUAN 14:21 RVR 1995

80

Cristo nunca pecó. Pero Dios lo trató
como si hubiera pecado, para declararnos
inocentes por medio de Cristo.
2 CORINTIOS 5:21 TLA

81

Más yo haré venir sanidad para ti, y
sanaré tus heridas, dice Jehová.
JEREMÍAS 30:17 RVR 1960

82

En él tenemos la redención mediante su
sangre, el perdón de nuestros pecados,
conforme a las riquezas de la gracia.
EFESIOS 1:7 NVI

83

El pecado no se enseñoreará de vosotros, pues
no estáis bajo la ley, sino bajo la gracia.
ROMANOS 6:14 RVR 1995

84

Humíllate y obedece a Dios, y
recibirás riquezas, honra y vida.
PROVERBIOS 22:4 TLA

85

Guardaréis, pues, las palabras de este
pacto, y las pondréis por obra, para que
prosperéis en todo lo que hiciereis.
DEUTERONOMIO 29:9 RVR 1960

86

Podrá tropezar, pero no caerá, porque
el Señor lo sostiene de la mano.
SALMO 37:24 NVI

87

Porque los montes se moverán y los collados temblarán, pero no se apartará de ti mi misericordia ni el pacto de mi paz se romperá, dice Jehová, el que tiene misericordia de ti.
ISAÍAS 54:10 RVR 1995

88

No me da vergüenza anunciar esta buena noticia. Gracias al poder de Dios, todos los que la escuchan y creen en Jesús son salvados.
ROMANOS 1:16 TLA

89

En todo os he enseñado que, trabajando así,
se debe ayudar a los necesitados, y recordar
las palabras del Señor Jesús, que dijo: Más
bienaventurado es dar que recibir.
HECHOS 20:35 RVR 1960

90

Porque el que a sí mismo se enaltece será
humillado, y el que se humilla será enaltecido.
MATEO 23:12 NVI

91

Jehová abre los ojos a los ciegos; Jehová
levanta a los caídos; Jehová ama a los justos.
SALMO 146:8 RVR 1995

92

Pero yo salvaré a todo seguidor mío
que confíe en mí hasta el final.
MATEO 24:13 TLA

93

Bienaventurados sois cuando por mi causa os vituperen y os persigan, y digan toda clase de mal contra vosotros, mintiendo. Gozaos y alegraos, porque vuestro galardón es grande en los cielos; porque así persiguieron a los profetas que fueron antes de vosotros.

MATEO 5:11–12 RVR 1960

94

Además, a quien Dios le concede abundancia y riquezas, también le concede comer de ellas, y tomar su parte y disfrutar de sus afanes, pues esto es don de Dios.

ECLESIASTÉS 5:19 NVI

95

Y la esperanza no nos defrauda, porque el amor
de Dios ha sido derramado en nuestros corazones
por el Espíritu Santo que nos fue dado.

ROMANOS 5:5 RVR 1995

96

Al que soporta las dificultades Dios lo bendice.
Porque cuando las supera, Dios le da el premio
y el honor más grande que puede recibir: la vida
eterna que ha prometido a quienes lo aman.

SANTIAGO 1:12 TLA

97

Bueno es Jehová a los que en él
esperan, al alma que le busca.
LAMENTACIONES 3:25 RVR 1960

98

Disciplina a tu hijo, y te traerá tranquilidad;
te dará muchas satisfacciones.
PROVERBIOS 29:17 NVI

99

Cuando alguno es tentado no diga que es
tentado de parte de Dios, porque Dios no puede
ser tentado por el mal ni él tienta a nadie.
SANTIAGO 1:13 RVR 1995

100

Porque Dios corrige a quienes ama,
como corrige un padre a sus hijos.
PROVERBIOS 3:12 TLA

101

Ahora, así dice Jehová, Creador tuyo, oh Jacob,
y Formador tuyo, oh Israel: No temas, porque
yo te redimí; te puse nombre, mío eres tú.
ISAÍAS 43:1 RVR 1960

102

La corona del anciano son sus nietos; el
orgullo de los hijos son sus padres.
PROVERBIOS 17:6 NVI

103

Si alguno de vosotros tiene falta de
sabiduría, pídala a Dios, el cual da a todos
abundantemente y sin reproche, y le será dada.

SANTIAGO 1:5 RVR 1995

104

Pero los que me hagan caso vivirán tranquilos
y en paz, y no tendrán miedo del mal.

PROVERBIOS 1:33 TLA

105

Deje el impío su camino, y el hombre inicuo
sus pensamientos, y vuélvase a Jehová, el
cual tendrá de él misericordia, y al Dios
nuestro, el cual será amplio en perdonar.

ISAÍAS 55:7 RVR 1960

106

Infundiré mi Espíritu en ustedes, y haré que
sigan mis preceptos y obedezcan mis leyes.
EZEQUIEL 36:27 NVI

107

Amados, amémonos unos a otros, porque el
amor es de Dios. Todo aquel que ama es nacido
de Dios y conoce a Dios. El que no ama no
ha conocido a Dios, porque Dios es amor.
1 JUAN 4:7–8 RVR 1995

108

Hace justicia a los que son maltratados por
los poderosos, da de comer a los hambrientos,
y pone en libertad a los presos.

SALMO 146:7 TLA

109

Mas buscad primeramente el reino de Dios y su
justicia, y todas estas cosas os serán añadidas.

MATEO 6:33 RVR 1960

110

Si ustedes creen, recibirán todo
lo que pidan en oración.
MATEO 21:22 NVI

111

Si tenéis estas cosas y abundan en vosotros, no
os dejarán estar ociosos ni sin fruto en cuanto
al conocimiento de nuestro Señor Jesucristo.
2 PEDRO 1:8 RVR 1995

112

El que cree en mí, que soy el Hijo de Dios,
no será condenado por Dios. Pero el que no
cree ya ha sido condenado, precisamente por
no haber creído en el Hijo único de Dios.

JUAN 3:18 TLA

113

Ahora, pues, hijos, oídme, y bienaventurados
los que guardan mis caminos. Atended el
consejo, y sed sabios, y no lo menospreciéis.

PROVERBIOS 8:32–33 RVR 1960

114

Aun si voy por valles tenebrosos, no temo
peligro alguno porque tú estás a mi lado;
tu vara de pastor me reconforta.

SALMO 23:4 NVI

115

En ti confiarán los que conocen tu
nombre, por cuanto tú, Jehová, no
desamparaste a los que te buscaron.

SALMO 9:10 RVR 1995

116

Ni se mientan unos a otros, porque ustedes
ya han dejado la vida de pecado y ahora viven
de manera diferente. En realidad, ustedes son
personas nuevas, que cada vez se parecen más a
Dios su creador, y cada vez lo conocen mejor.

COLOSENSES 3:9–10 TLA

117

Porque Jehová tiene contentamiento en su pueblo;
hermoseará a los humildes con la salvación.
Salmo 149:4 rvr 1960

118

Mándales que hagan el bien, que sean ricos
en buenas obras, y generosos, dispuestos
a compartir lo que tienen. De este modo
atesorarán para sí un seguro caudal para el
futuro y obtendrán la vida verdadera.
1 Timoteo 6:18–19 nvi

119

A cualquiera, pues, que me oye estas palabras y
las pone en práctica, lo compararé a un hombre
prudente que edificó su casa sobre la roca.
Descendió la lluvia, vinieron ríos, soplaron
vientos y golpearon contra aquella casa; pero no
cayó, porque estaba cimentada sobre la roca.
MATEO 7:24–25 RVR 1995

120

Dios es como una alta torre; hacia él
corren los buenos para ponerse a salvo.
PROVERBIOS 18:10 TLA

121

Mas el impío, si se apartare de todos sus pecados que hizo, y guardare todos mis estatutos e hiciere según el derecho y la justicia, de cierto vivirá; no morirá.

EZEQUIEL 18:21–22 RVR 1960

122

Esto es bueno y agradable a Dios nuestro Salvador, pues él quiere que todos sean salvos y lleguen a conocer la verdad.

1 TIMOTEO 2:3-4 NVI

123

Daré también hierba en tu campo para
tus ganados, y comerás, hasta saciarte.
DEUTERONOMIO 11:15 RVR 1995

124

Nuestro Dios es como un castillo que
nos brinda protección. Dios siempre nos
ayuda cuando estamos en problemas.
SALMO 46:1 TLA

125

Las Sagradas Escrituras, las cuales te pueden hacer sabio para la salvación por la fe que es en Cristo Jesús. Toda la Escritura es inspirada por Dios, y útil para enseñar, para redargüir, para corregir, para instruir en justicia.
2 Timoteo 3:15-16 rvr 1960

126

Si ellos le obedecen y le sirven, pasan el resto de su vida en prosperidad, pasan felices los años que les quedan.
Job 36:11 nvi

127

Sabemos, además, que a los que aman a Dios,
todas las cosas los ayudan a bien, esto es, a los
que conforme a su propósito son llamados.
Romanos 8.28 rvr 1995

128

Antes de que me llamen, yo les responderé;
Antes de que terminen de hablar,
yo los habré escuchado.
Isaías 65:24 tla

129

Nunca se apartará de tu boca este libro de la
ley, sino que de día y de noche meditarás en él,
para que guardes y hagas conforme a todo lo
que en él está escrito; porque entonces harás
prosperar tu camino, y todo te saldrá bien.

Josué 1:8 rvr 1960

130

Confía en el Señor y haz el bien; establécete en la
tierra y mantente fiel. Deléitate en el Señor, y él te
concederá los deseos de tu corazón. Encomienda
el Señor tu camino; confía en él, y él actuará.

Salmo 37:3–5 nvi

131

Si sois ultrajados por el nombre de Cristo,
sois bienaventurados, porque el glorioso
Espíritu de Dios reposa sobre vosotros.
Ciertamente, por lo que hace a ellos, él es
blasfemado, pero por vosotros es glorificado.
1 PEDRO 4:14 RVR 1995

132

Adórenme, pues yo soy su Dios. Yo los
bendeciré con abundantes alimentos.
Nunca dejaré que se enfermen.
ÉXODO 23:25 TLA

133

Porque sol y escudo es Jehová Dios;
gracia y gloria dará Jehová. No quitará el
bien a los que andan en integridad.
SALMO 84:11 RVR 1960

134

Y la paz de Dios, que sobrepasa todo
entendimiento, cuidará sus corazones y
sus pensamientos en Cristo Jesús.
FILIPENSES 4:7 NVI

135

Mas la misericordia de Jehová es desde la eternidad y hasta la eternidad sobre los que lo temen, y su justicia sobre los hijos de los hijos.

SALMO 103:17 RVR 1995

136

Yo amo a los que me aman, y me dejo encontrar por todos los que me buscan.

PROVERBIOS 8:17 TLA

137

No os dejaré huérfanos; vendré a vosotros.

JUAN 14:18 RVR 1960

138

No te des al sueño, o te quedarás pobre;
manténte despierto y tendrás pan de sobra.
PROVERBIOS 20:13 NVI

139

Luz está sembrada para el justo y alegría para
los rectos de corazón. ¡Alegraos, justos, en
Jehová, y alabad la memoria de su santidad!
SALMO 97:11-12 RVR 1995

140

Todos ustedes los que confían en
Dios, ¡anímense y sean valientes!
SALMO 31:24 TLA

141

Ninguna arma forjada contra ti prosperará, y condenarás toda lengua que se levante contra ti en juicio. Esta es la herencia de los siervos de Jehová, y su salvación de mí vendrá, dijo Jehová.

ISAÍAS 54:17 RVR 1960

142

Reconoce, por tanto, que el Señor tu Dios es el Dios verdadero, el Dios fiel, que cumple su pacto generación tras generación, y muestra su fiel amor a quienes lo aman y obedecen sus mandamientos.

DEUTERONOMIO 7:9 NVI

143

Bendeciré abundantemente su provisión;
a sus pobres saciaré de pan.
SALMO 132:15 RVR 1995

144

Son como árboles sembrados junto a
los arroyos: llegado el momento, dan
mucho fruto y no se marchitan sus hojas.
¡Todo lo que hacen les sale bien!
SALMO 1:3 TLA

145

Con todo, yo siempre estuve contigo; me tomaste
de la mano derecha. Me has guiado según tu
consejo, y después me recibirás en gloria.
SALMO 73:23-24 RVR 1960

146

Si confesamos nuestros pecados, Dios,
que es fiel y justo, nos los perdonará
y nos limpiará de toda maldad.
1 JUAN 1:9 NVI

147

Mi carne y mi corazón desfallecen; mas la roca de
mi corazón y mi porción es Dios para siempre.
SALMO 73:26 RVR 1995

148

Dios se burla de los burlones, pero
brinda su ayuda a los humildes.
PROVERBIOS 3:34 TLA

149

Andad en todo el camino que Jehová
vuestro Dios os ha mandado, para que
viváis y os vaya bien, y tengáis largos días
en la tierra que habéis de poseer.
DEUTERONOMIO 5:33 RVR 1960

150

Instruye al niño en el camino correcto,
y aun en su vejez no lo abandonará.
PROVERBIOS 22:6 NVI

151

Pero sin fe es imposible agradar a Dios, porque
es necesario que el que se acerca a Dios crea que
él existe y que recompensa a los que lo buscan.

HEBREOS 11:6 RVR 1995

152

Ustedes adoran ídolos malolientes, pero
yo me olvidaré de sus maldades;
los limpiaré como quien limpia un trapo sucio.
Yo les daré vida nueva. Haré que cambien
su manera de pensar. Entonces dejarán
de ser tercos y testarudos, pues yo haré
que sean leales y obedientes.

EZEQUIEL 36:25-26 TLA

153

No temáis, manada pequeña, porque a
vuestro Padre le ha placido daros el reino.
LUCAS 12:32 RVR 1960

154

Yo te instruiré, yo te mostraré el camino que
debes seguir; yo te daré consejos y velaré por ti.
SALMO 32:8 NVI

155

Del azote de la lengua serás protegido y no
temerás cuando venga la destrucción.
JOB 5:21 RVR 1995

156

La Biblia dice: Dios no deja en
vergüenza a los que confían en él.
ROMANOS 10:11 TLA

157

Porque no tenemos un sumo sacerdote
que no pueda compadecerse de nuestras
debilidades, sino uno que fue tentado en todo
según nuestra semejanza, pero sin pecado.
Acerquémonos, pues, confiadamente al trono
de la gracia, para alcanzar misericordia y
hallar gracia para el oportuno socorro.
HEBREOS 4:15-16 RVR 1960

158

El Señor te protegerá; de todo mal protegerá
tu vida. El Señor te cuidará en el hogar y en
el camino, desde ahora y para siempre.
SALMO 121:7-8 NVI

159

Pues si vosotros siendo malos, sabéis dar
buenas cosas a vuestros hijos, ¿cuánto
más vuestro Padre que está en los cielos
dará buenas cosas a los que le pidan?

MATEO 7:11 RVR 1995

160

Hermanos en Cristo, ustedes deben sentirse muy
felices cuando pasen por toda clase de dificultades.
Así, cuando su confianza en Dios sea puesta a
prueba, ustedes aprenderán a soportar con más
fuerza las dificultades. Por lo tanto deben resistir
la prueba hasta el final, para que sean mejores
y capaces de obedecer lo que se les ordene.

SANTIAGO 1:2-4 TLA

161

Jehová está en medio de ti, poderoso, él salvará; se gozará sobre ti con alegría, callará de amor, se regocijará sobre ti con cánticos.

SOFONÍAS 3:17 RVR 1960

162

El que ama a su hermano permanece en la luz, y no hay nada en su vida que lo haga tropezar.

1 JUAN 2:10 NVI

163

No os olvidéis de la hospitalidad, porque por
ella algunos, sin saberlo, hospedaron ángeles.

HEBREOS 13:2 RVR 1995

164

"Solo vivirá segura la gente que es honesta y
siempre dice la verdad, la que no se enriquece
a costa de los demás, la que no acepta regalos
a cambio de favores, la que no se presta a
cometer un crimen, ¡la que ni siquiera se
fija en la maldad que otros cometen!
Esa gente tendrá como refugio
una fortaleza de rocas;
siempre tendrá pan, y jamás le faltará agua".

ISAÍAS 33:15-16 TLA

165

He aquí yo derramaré mi espíritu sobre
vosotros, y os haré saber mis palabras.
Proverbios 1:23 RVR 1960

166

La senda de los justos se asemeja a los primeros
albores de la aurora; su esplendor va en
aumento hasta que el día alcanza su plenitud.
Proverbios 4:18 NVI

167

Amad, pues, a vuestros enemigos, haced el bien, y prestad, no esperando de ello nada; y vuestra recompensa será grande, y seréis hijos del Altísimo, porque él es benigno para con los ingratos y malos. Sed, pues, misericordiosos, como también vuestro Padre es misericordioso. No juzguéis y no seréis juzgados; no condenéis y no seréis condenados; perdonad y seréis perdonados.

Lucas 6:35-37 RVR 1995

168

"Grande es Dios, que le dio paz a su pueblo Israel, cumpliendo así todo lo que prometió. No ha dejado de cumplir ni una sola de las promesas que nos dio por medio de Moisés.

1 Reyes 8:56 TLA

169

Enjugará Dios toda lágrima de los
ojos de ellos; y ya no habrá muerte, ni
habrá más llanto, ni clamor, ni dolor;
porque las primeras cosas pasaron.
APOCALIPSIS 21:4 RVR 1960

170

Tu palabra es una lámpara a mis
pies; es una luz en mi sendero.
SALMO 119:105 NVI

171

A Jehová presta el que da al pobre; el
bien que ha hecho se lo devolverá.

PROVERBIOS 19:17 RVR 1995

172

Hijos, obedezcan a sus padres, porque ustedes son
de Cristo y eso es lo que les corresponde hacer.
El primer mandamiento que va acompañado de
una promesa es el siguiente: Respeta y obedece
a tu padre y a tu madre, para que todo te salga
bien y tengas una larga vida en la tierra.

EFESIOS 6:1-3 TLA

173

Echa sobre Jehová tu carga, y él te sustentará;
no dejará para siempre caído al justo.
<small>SALMO 55:22 RVR 1960</small>

174

Manténganse libres del amor al dinero, y
conténtense con lo que tienen, porque Dios ha
dicho: Nunca te dejaré; jamás te abandonaré.
<small>HEBREOS 13:5 NVI</small>

175

Por lo cual estoy seguro de que ni la muerte
ni la vida, ni ángeles ni principados ni
potestades, ni lo presente ni lo por venir, ni
lo alto ni lo profundo, ni ninguna otra cosa
creada nos podrá separar del amor de Dios,
que es en Cristo Jesús, Señor nuestro.
ROMANOS 8:38–39 RVR 1995

176

No sufrirás las desgracias que caen
sobre los malvados. Dios siempre estará
a tu lado y nada te hará caer.
PROVERBIOS 3:25-26 TLA

177

Comeréis hasta saciaros, y alabaréis el nombre de Jehová vuestro Dios, el cual hizo maravillas con vosotros; y nunca jamás será mi pueblo avergonzado.

JOEL 2:26 RVR 1960

178

Todo el que tiene esta esperanza en Cristo, se purifica a sí mismo, así como él es puro.

1 JUAN 3:3 NVI

179

Dijo luego a sus discípulos: Por tanto os digo:
No os angustiéis por vuestra vida, qué comeréis;
ni por el cuerpo, qué vestiréis. La vida es más
que la comida, y el cuerpo más que el vestido.

Lucas 12:22-23 rvr 1995

180

Los justos, en sus casas, repiten este grito
de alegría: ¡Dios con su poder ha alcanzado
la victoria! ¡Alabemos su poder!

Salmo 118:15 tla

181

Luego les dijo: Id, comed grosuras, y bebed vino dulce, y enviad porciones a los que no tienen nada preparado; porque día santo es a nuestro Señor; no os entristezcáis, porque el gozo de Jehová es vuestra fuerza.

NEHEMÍAS 8:10 RVR 1960

182

Las manos ociosas conducen a la pobreza; las manos hábiles atraen riquezas.

PROVERBIOS 10:4 NVI

183

Encaminará a los humildes en la justicia
y enseñará a los mansos su carrera.
SALMO 25:9 RVR 1995

184

Pero tú mismo has dicho: La gente pobre y
humilde ya no aguanta tanto maltrato; voy
a entrar en acción y los pondré a salvo.
SALMO 12:5 TLA

185

Paz, paz al que está lejos y al cercano,
dijo Jehová; y lo sanaré.
Isaías 57:19 RVR 1960

186

Ésta es la confianza que tenemos al acercarnos
a Dios: que si pedimos conforme a su voluntad,
él nos oye. Y si sabemos que Dios oye todas
nuestras oraciones, podemos estar seguros de
que ya tenemos lo que le hemos pedido.
1 Juan 5:14-15 NVI

187

Mas él fue herido por nuestras rebeliones,
molido por nuestros pecados. Por darnos
la paz, cayó sobre él el castigo, y por sus
llagas fuimos nosotros curados.

ISAÍAS 53:5 RVR 1995

188

Cuando Dios creó el mundo, dijo: Que brille la
luz donde ahora hay oscuridad. Y cuando nos
permitió entender la buena noticia, también
iluminó nuestro entendimiento, para que por
medio de Cristo conociéramos su grandeza.

2 CORINTIOS 4:6 TLA

189

Si guardareis mis mandamientos,
permaneceréis en mi amor; así como yo
he guardado los mandamientos de mi
Padre, y permanezco en su amor.
JUAN 15:10 RVR 1960

190

Entonces me invocaréis, y vendréis
y oraréis a mí, y yo os oiré.
JEREMÍAS 29:12 NVI

191

De cierto, de cierto os digo que el que
guarda mi palabra nunca verá muerte.
JUAN 8:51 RVR 1995

192

Les aseguro que todo el que preste atención
a lo que digo, y crea en Dios, quien me
envió, tendrá vida eterna. Aunque antes
vivía alejado de Dios, ya no será condenado,
pues ha recibido la vida eterna.

Juan 5:24 tla

193

Porque la palabra de Dios es viva y eficaz, y
más cortante que toda espada de dos filos;
y penetra hasta partir el alma y el espíritu,
las coyunturas y los tuétanos, y discierne los
pensamientos y las intenciones del corazón.

Hebreos 4:12 rvr 1960

194

Por eso el Señor los espera, para tenerles piedad; por eso se levanta para mostrarles compasión. Porque el Señor es un Dios de justicia. ¡Dichosos todos los que en él esperan!

ISAÍAS 30:18 NVI

195

La respuesta suave aplaca la ira, pero la palabra áspera hace subir el furor.

PROVERBIOS 15:1 RVR 1995

196

"Si me llaman, yo les responderé; si gritan pidiendo ayuda, yo les diré: 'Aquí estoy'".

ISAÍAS 58:9 TLA

197

Y cualquiera que os diere un vaso de agua en
mi nombre, porque sois de Cristo, de cierto
os digo que no perderá su recompensa.

<small>MARCOS 9:41 RVR 1960</small>

198

Cobren ánimo y ármense de valor,
todos los que en el Señor esperan.

<small>SALMO 31:24 NVI</small>

199

Porque tú, Señor Jehová, eres mi esperanza,
seguridad mía desde mi juventud.

<small>SALMO 71:5 RVR 1995</small>